目次

一菓百態【蒸し饅頭】

一菓百態〈いっかひゃくたい〉
ひとつの呼び名のお菓子でも、その種類は実に多彩です。
今回取り上げた蒸し饅頭を見ても、薯蕷饅頭に酒饅頭、小麦粉饅頭、
生地の違い、餡の違いなど含めれば数え切れないほどあります。
美味しいお饅頭を求めて、
町の和菓子屋さんを訪ねます。

饅頭の起源

饅頭の発祥は中国。あの三国志時代の英雄・諸葛孔明と深く関わりがあります。蜀の軍師として南方へ侵攻し勝利を収めたその帰り、川が氾濫し渡ることが出来なかった。それを鎮めるために「何人かの首を切り、神に捧げるべき」との進言があった。諸葛孔明は、その代わりに小麦粉を捏ね中に肉を入れ頭に似せたものを川に捧げ、無事帰還した。それが饅頭の始まりと言われています。以来中国では肉や野菜の入った饅頭が食されます。

日本における饅頭の歴史には二つの大きな流れがあります。最も有名なのが一三四九年に帰朝した龍山禅師を慕い、日本へ来た林浄因が作り始めた小豆の餡饅頭で、それから代を経て薯蕷饅頭が生まれます。（現在の塩瀬総本家に繋がります）林浄因は宗教上の理由で肉の食べられない禅師のために小豆餡に代えた、これが和菓子の始まりとされることもあります。

もう一つがそこから百年ほど遡り、一二四一年に帰朝した聖一国師が伝えた酒饅頭が虎屋饅頭として広まります。しかしそれがどの様な酒饅頭だったのかは詳しくは判っていないそうです。（現在の虎屋との関わり合いも明確ではありません）。

それ以前から仏教の世界では点心として饅頭という名が知られていたとも考えられています。（曹洞宗開祖・道元による「正法眼蔵」一二四一年の中に饅頭の言葉が既に見られます）いずれにしても砂糖が大変貴重だったことから、饅頭を口に出来たのは上層階級か僧侶などだったと思われます。甘いお饅頭が庶民に広まるのは江戸時代になってからで、そこから全国各地に名物が生まれてきました。お饅頭は生まれたときから現在まで、その姿をほとんど変えていない奇跡のお菓子かもしれません。

黒まんじゅう

日本橋・ときわ木

日本橋から始まります

日本橋。

一六〇三年に初代の橋が掛けられた江戸時代から現代に至るまで、ずっとこの国の基点です。

「お江戸　日本橋　七つ立ち」と謡われたように、木戸が開く暁の七つ（午前四時）、まだ提灯も必要な暗いうちから人々は旅立って行きました。この「わがしどき」の和菓子を巡る旅も、ここ日本橋から出発します。

1911年に掛けられた20代目の日本橋

現在の橋は一九一一年に架けられた、二十代目の橋と言うことです。毎年七月には橋洗いというイベントも有り、地元の人々の努力で綺麗な橋が保たれています。さらに現在、日本橋の上を走る首都高速を地下に移す計画があり、実現するために様々な活動がなされています。日本橋の上に広がる青い空を、ぜひ見てみたいと思います。

また日本橋と言えば、毎年交互に執り行われる江戸三大祭のうちの二つ、将軍家と関わりの深い山王祭と江戸っ子の祭と言われる神田祭の対峙が橋の上で見られます。山王祭の年は日本橋の真ん中で、神田明神の氏子が山王祭の行列を「この橋は渡らせない」と迎えます。翌年は日枝神社の氏子が神田祭の行列を迎えます。江戸時代には、日本橋を挟んで武家社会と町人社会の均衡がこの様に保たれていたのかもしれません。
六月の山王祭には、他に「山王嘉祥祭（和菓子のまつり）」や「献茶式」なども執り行われ、お菓子やお茶とも関わりのあるお祭りです。
六月になるとわくわくして心休まらない人もこの地域にはたくさんいるのではないでしょうか。
今回お尋ねするお店のご主人も、江戸橋連合の法被を着て活躍されています。

茶席菓子の名店、百年の味

　日本橋から歩いて五分ほどのところにあるのが、創業明治四十三年の「御菓子司ときわ木」です。百年以上日本橋を見続けて来た老舗で、主に茶席菓子を作ってこられました。日本橋界隈では近年再開発が進められ、大きなビルが建ち並ぶ中、メイン通りから少し入った所にあるお店に入ると、ふっーと力が抜けていくような穏やかな雰囲気が広がります。ショーケースは無く、三段のお重がさっと開かれ、今日のお菓子を選ぶことが出来ます。

和菓子の命は餡

　お店の看板商品が「黒まんじゅう」で、創業当時から作られてきた薯蕷饅頭です。その他に上生菓子や、「若紫」という小豆の晒し餡と白餡・砂糖を練り込んだ半生菓子も有名です。(若紫は七~九月の夏場を除き、毎週木・金曜日、予約販売のみです)

　三代目の森宗一郎社長にお話しをお伺いすると、先代から何度も言われたのは「和菓子の命は餡だ」ということ。だからその点だけはこだわってきたと、穏やかに話されながらも力強い言葉が返ってきました。餡は北海道産の小豆を使い、水が透明になるくらいまで晒します。そこから生まれる滑らかな口当たりこそが、「ときわ木」のお菓子の特徴です。

しっとりとした薯蕷饅頭

　薯蕷饅頭は芋の持つ膨張作用を活かして作るのですが、「ときわ木」でも年間を通じて、その時期毎に状態の良い大和芋を仕入れます。それを上新粉よりさらにきめ細かい上用粉と合わせた生地で餡を包むことで、しっとり、ふっくらとしたお饅頭になります。さらに薯蕷饅頭としては珍しく餡に沖縄産の黒糖が入っていますが、これもしっかり漉され、雑味がまったくありません。黒糖餡の風味と生地のバランスも絶妙で、初めて「黒まんじゅう」を頂いた時、他では味わえないと思わせる美味しさでした。

　このお店の主な顧客は、茶道の各流派の先生や生徒さんなどで、お茶会の度にお菓子のオーダーが入ります。季節に合わせて作るのはもちろんですが、お茶会の趣向や、盛り付けるお皿に合わせてお菓子を拵えて欲しいと言った注文も多いようです。何度も試作を重ね、お客様の要望に応えていくのは実に大変なことなんだろうと思います。でも同時にそれが楽しみなのかもしれません。

　薯蕷饅頭は上用饅頭とも呼ばれます。古くからハレの日、特別な行事の時に用意されてきました。

　お饅頭がお茶会などで出される場合は、薯蕷饅頭が多いと聞いたことがあります。当然「黒まんじゅう」がお茶会で使われることも良くあり、その時は焼き印を変えることはあっても味はそのままでと言われることが殆どだそうです。このお饅頭は本当に抹茶が良く合います。

上生菓子は季節と共に

お茶席などで使われるお菓子を上生菓子と呼び、一つ一つに小さな宇宙が描かれます。それは季節であったり、時間であったり、心模様であったりします。

だから茶席菓子職人は、お菓子を作るだけではなく、歴史や文化などにも精通していなくてはならないのです。色合いや形そして菓名に、職人の想いが込められます。食べる側は、それを読み解くのも楽しみのひとつです。

小麦粉に米粉、葛に寒天。小豆に大豆、芋に栗。旬の果実などを加えると、和菓子の世界は無限に広がります。

私達が普段手にする素材が、美味しい和菓子に変わっていく。そこには森社長のような、熟練した職人の手が必要になってきます。

お茶の教室のスタイルも少しずつ変わって来ているようです。若い生徒さんは正座が苦手なのでテーブルでのお点前とか、お茶菓子としてマカロンなどの洋菓子も使われることもあるとのこと。時代によって変わっていく部分もあると思いますが、だからこそ和菓子がいつまでも愛されるように、その美味しさを伝えていきたいのです。

茶席菓子というと少し特別な高級菓子というイメージもありますが、そんなことはありません。普段使いのおやつ菓子として頂いてもいいのではないでしょうか。

「ときわ木」では、気軽にひとつからでも買うことが出来ますので、是非今日のお菓子から選んでみて下さい。美味しそうなお菓子を見ていると、お茶が飲みたくなってくるかもしれません。

百年の味とのれんを守りながら

黒まんじゅう　¥280（税込）

ときわ木

東京都中央区日本橋 1 - 1 5 - 4
03-3271-9180
営業時間　9：30 ～ 17：30
定休日　土・日・祝日

酒まんじゅう

青梅市今井・久保田商店

酒まんじゅう一筋九十五年

青梅市今井地区。大正十三年、当時の呼び名である霞村に、この店の初代が酒まんじゅう屋を開きました。農村風景が広がる場所に出来たお店に人々が通うようになり、初代・久保田為吉の名前から「為さんまんじゅう」という愛称で呼ばれるほどの繁盛店になりました。

大戦前後に材料が手に入らず、仕方なく店を閉めていた時期もあったそうですが、昭和二十八年に二代目が復活させました。それから現在に至るまで酒まんじゅう一本で、四代目の佐藤和弘さん、そして記子さんご夫妻にしっかり受け継がれています。

幼い頃から祖父母の作る酒まんじゅうの味が好きだった記子さんは、製菓学校卒業後しばらく外の和菓子店で修行され、実家に戻ってからは必死に酒まんじゅうを一から学ぶ日々だったとのことです。

和弘さんも他店で和菓子職人として働いていたのですが、記子さんと共に「久保田商店」に入られました。それまで色々なお菓子を作ってきたので、職人としては酒まんじゅう単品では物足りなさを感じることもあったのではないかとお聞きすると、「酒まんじゅうは生きていて、これ以外に手をつけられなくなった」と仰いました。お話しを聞いていくうちに、その言葉の真意が判ってくることになります。

〈美味しさ〉は生きている

青梅から八王子、山梨県の上野原に掛けて、多くの酒まんじゅう店が点在していいます。これは秩父の豊富な伏流水の質や気温などが、酒作りに適していて数々の酒蔵があったことに起因しているようです。酒まんじゅう作りに欠かせないのが米糀で、それを入手しやすかった為と言われています。

「久保田商店」でも、酵母の状態を見極めることが全てですと、ご夫婦共に仰いました。寒すぎても、逆に暑すぎても酵母が働いてくれません。平成三十年の夏のような猛暑が続くと、まったく生地が浮かない日が有り、全て破棄したこともあったそうです。さらに和弘さんと記子さんのお饅頭を包む手の温度によっても、その発酵状態が微妙に違うと聞いた時は、それほどデリケートなのかと大変驚きました。

和弘さんは「同じ材料、同じ作り方をしていても、お店が違えば酒まんじゅうは違ったものになるはず。それはお店毎に菌の状態が違うから」と説明されました。おまんじゅうの生地を練り、餡を包んだ後少し寝かせる棚も、菌の状態が変わってしまうので水洗いなども出来ないと仰っていました。

米糀に、もち米で作り適温に冷ましたお粥を加え甘酒を造ります。これを小麦粉と混ぜ発酵をうながしてからじっくり蒸し上げることで、ふっくらとした酒まんじゅうが出来上がります。

〈美味しさ〉が生まれる場所

そんな繊細な酒まんじゅう作りですが、その作業場に初めて入れて頂いた時、隅々まで綺麗になっているというだけでなく、何とも言えない落ち着きみたいなものを感じました。それはこの作業場が、酒まんじゅうを作るためだけに出来ているからかもしれません。記子さんのお父様の三代目が全て整えられたそうです。

包餡台の大きさ、釜の位置、おまんじゅうを冷ます台など、抜群に作業性が良いと和弘さんも仰います。只酒まんじゅう以外のものを作るときは、何とも使いづらい台になるそうですが（笑）。

「久保田商店」の朝は早い。それでも全て段取り通りに行くわけではありません。何しろ相手が生きていますから。前の晩から当日にかけての温度湿度の変化による酵母の状態を見ながら、おまんじゅう作りが始まります。生地を練り発酵、包餡してさらに発酵。そして蒸し上げに三十分。冷ます時間を入れて約三時間の作業です。これを二回、九時の開店時間に合わせて仕上げ、繁忙期には三回、四回と増えていきます。

一段落した後、餡作りが始まります。ザラメを使い甘さを抑え且つ少し塩味を効かせた、滑らかであるけどパンチのある餡になっています。生地と合わさった時の一体感は、何とも言えない美味しさです。

蒸し立てが美味しいような印象もありますが、記子さんは「うちの酒まんじゅうは一旦冷ましてからの方が、生地と餡がひとつになって断然美味しくなる」と仰っていました。

我が町のおまんじゅう

開店すると、頃合い良く車で横付けされたお客様が二十個三十個と買われていきました。埼玉県入間市と

の県境が近いので、そちらからのお客様も多いようです。
「久保田商店」は青梅市内でも最も古い酒まんじゅう店に入るのですが、以前は今井地区にも何軒かの酒まんじゅう店があったようです。そして各家庭でも良く酒まんじゅうが作られていて、甘酒を分けて貰いたいと来店されることも多かったと聞きます。それが段々とその風習も無くなり、需要も変わっていったことから今では「久保田商店」が残るだけとなりました。だからこそ、このお店の酒まんじゅうが貴重なんだと思います。

酒まんじゅうが全て

和弘さんは毎日毎日酒まんじゅうと向き合い、酒まんじゅう作りをベースに過ごされる中、他店とのコラボレーションで、地元の素材を使った和菓子作りにも取り組んでおられます。それも楽しいのですが、あくまでまんじゅう作りに支障がないときだけと決めているそうです。経験だけでは太刀打ちできない、酒まんじゅうという和菓子に魅了されている、そう受け取りました。

高校で子供達にまんじゅう作りの指導もされています。酵母菌という目に見えない生き物を説明するのは、とても難しかったそうです。それでも次の世代に酒まんじゅうへの興味を持ってもらう試みというのはとても大事だと思います。大人になり例えこの地を離れることになっても、思い出と共にいつまでも消えない我が町の味になっているはずですから。

午前中の作業を終え、ほっとした表情を見せる
四代目・佐藤和弘さんと記子さん

久保田商店・四代目ご夫妻は、今朝も早くから、酒まんじゅうと向き合っていることでしょう。きっと明日も、一年後も十年後も。その時に筆者が最高に美味しい酒まんじゅうを食べながら、もう一度お話しを聞いても、多分「まだ酒まんじゅうを極められない」と仰ると思います。

久保田商店

東京都青梅市今井２-９０６
0428-31-0905
営業時間　9：00～売り切れまで
定休日　　月曜日

酒まんじゅう　¥90（税込）

小まんぢゅう

富士市・松風堂

富士山と富士川

日本橋から東海道を西へ。品川・戸塚・小田原の宿を過ぎ、最大の難所箱根を越え、駿河の国に入ります。右手に霊峰富士を仰ぎ、左手に駿河湾の風の音を聞きながらさらに下っていきます。

高潮などの災害で内陸側へ移動したため、唯一左富士となる吉原宿を抜け、日本三大急流のひとつ富士川を渡ると今回の目的地 岩渕村に到着です。岩渕は東海道の間宿として、又甲州との交易の拠点として賑わい、栗粉餅という名物もあり、、次の蒲原の宿へ向かう旅人のひとときの憩いの場所だったのかもしれません。

霊峰富士山と富士川

旧東海道の一里塚

岩渕村と中之郷村の境だった場所に、日本橋から数えて三十七里目の一里塚が今も残っています。

町の名前は富士川町、さらに富士市へと変わってきましたが、一里塚に植えられた榎の前に立ち見上げると、葉を茂らせ優しい風を送りながら、旧東海道を行き交う人々を、四百年以上ずっと見守ってきたんだなという思いに駆られます。

(東側の榎は枯渇し、昭和四十五年に二代目となりました)

愛されて百年

そしてこの町で百年を越えて、今も愛され続けている銘菓が「松風堂の小まんぢゅう」です。

お店は東海道本線・富士川駅から歩いて七～八分の旧国道一号線沿いにあります。

筆者もこの町の出身で、幼い頃は我が家も含め隣近所がどこも冠婚葬祭の度に配っていたので、一年中食べていた印象があります。個人的に最も古いお菓子の記憶なのですが、それがずっと変わっていないという

旧東海道・三十七里目の一里塚

ことを嬉しく思っています。

　とにかく今も人気のおまんぢゅうで、帰省の度に訪ねてもいつも午前中で売り切れてしまい、なかなか買えないのです。今回の取材でもオープン前にお店に入ったのですが、予約していたお客様は七時半の開店時間前に来て、普通に出来立ての小まんぢゅうを買っていきました。お店の方も驚きもせず、いつものことのように接客されていました。シャッターが上がれば、次々にお客様が来られ、出来たそばから売れていきました。その日は十一時にはほぼ完売で、やっぱり小まんぢゅうは凄いお菓子だということを実感したのです。

富士川の小まんぢゅう

　松風堂の創業は大正元年、当初はもう少し大きなお饅頭を、粒餡の他漉し餡やうぐいす餡を手包みして、売っていたそうです。
　お饅頭用の機械を導入した時のテストで出て来た形があまりにも可愛かったので、そのまま「富士川の小まんぢゅう」として売り出され、これが大評判となりその名が広まっていきました。
　この機械、今ではひとつの部品でさえ特注になってしまうほど古いものなのですが、これに代わるものはないようです。不揃いな形で、ちょっと顔を出す粒餡が実に美味しそうに見えるお饅頭の機械なんて、確かに他にはないと思います。

大正ロマンが今に生きる

　この「小まんぢゅう」という名に気づかれたでしょうか？「じ」ではなく「ぢ」を使っています。以前からすこし気になっていたので、

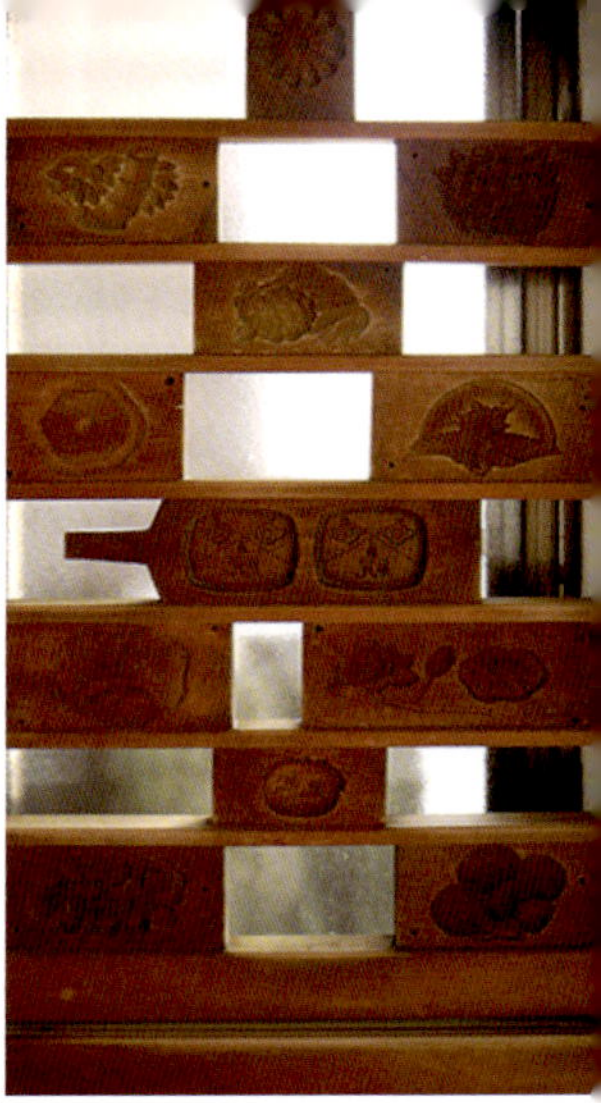

その理由を尋ねると、大正ロマン華やかな頃は「ラヂオ」というように、みんな「ぢ」を使っていました。その後の指導で他は「じ」に変えたのですが松風堂ではそのまま使っていこうと決めたとのことでした。変えなかったことで実に味わいのある名前になっていると思います。

松風堂でも以前はカステラや今は店舗の欄干に飾られている型もののお菓子なども作られていました。創業以来一店舗主義はずっと変えていないのですが、強い要望があり富士川サービスエリアなどへ置くようになってから「小まんぢゅう」の需要が一気に上がり、商品を一本化して効率を高めてきたそうです。

それはまるで音楽のように

工場に入りスタッフの皆さんの動きを見ていると、本当にお饅頭が流れているように見えるのです。機械から出て来た小まんぢゅうをセイロに入れ蒸し上げる。蒸し上がった小まんぢゅうを冷まし、箱詰めにする。一言も発せられずに進められる作業はまるで、指揮者のいない邦楽の世界で三味線・笛・太鼓などの演奏家がそれぞれの息づかいを感じながら紡いでゆく音楽のようでした。

スタッフの中で最も短い方でも五年の経験があるとのこと、自然と生まれたリズムがきっちりと保たれているのでしょう。見ていてとても心地良い時間でした。

百年の味はこの餡で決まります。
先代の教えを只受け継いでいるだけだと、
ご主人の大石さんは答えます。
それがどれ程大変なことなのか、
お饅頭を食べると判る気がします。

全ては餡で決まります

小まんぢゅうの作業がピークを過ぎた頃から、餡作りが始まります。これは四代目のご主人・大石雅信さん一人の仕事となります。北海道産の厳選した小豆をじっくり茹で上げ、一度圧縮し水気を切り一晩寝かせます。それから砂糖・水飴・食塩だけで小豆を炊き上げると、何とも艶やかで優しい味わいに仕上がっていきます。この餡こそが「小まんぢゅう」の命でもあります。

そして餡に合わせる生地も小麦粉に砂糖・重曹を加えるだけで、保存料などを全く使用していないので、ふっくらした、そして飽きの来ないお饅頭が出来上がります。

お客様から「包装紙は顔だから変えないでね」と、
デザインはずっと同じです

笑顔が素敵な四代目
大石雅信さんと孝子さんご夫妻

これからもこの町で

「小まんぢゅう」がずっと地域に愛されてきたことを実感するのは、どんな暑い日でも出来上がりまで三十分と言えば誰からも小言ひとつ無く、待っていて下さったり、最後の一箱となった時二人のお客様がお互いに譲り合っている姿を見た時でした、と若奥様の孝子さんがしみじみ仰っていました。だからこそしっかり守って行かなくては、とも。

　お客様には三代に渡って通って来ている方も多く、「小まんぢゅう」のことを良く判っているので間違ったことは出来ない、と雅信さんも話されています。

　こんなご夫婦とあ・うんの呼吸で通じ合うスタッフが作り、我が家の味のように思う多くのお客様がいる「富士川の小まんぢゅう」は、これからまた百年先も続いていく、そんな気がしています。

ちょっと硬くなっても、
トースターで少し焼けば 香ばしくて美味しい

テーブルに置いておくと
いつのまにかお饅頭が減っています

富士川の小まんぢゅう

28 個	¥360（税込）
53 個	¥670（税込）
70 個	¥880（税込）
106 個	¥1,340（税込）

松風堂

静岡県富士市中之郷 712
0545-81-0215
営業時間　7：30 ～売り切れまで
定休日　　木曜日

福々まんじゅう

浅草・甘味処 西山

東京下町の顔・浅草

浅草は、現在東京下町の一大観光スポットとして、老若男女を問わず、国内外からの観光客で早朝から賑わいを見せています。その中心に鎮座するのが浅草寺で、六二八年に今の隅田川で漁をしていた檜前浜成・竹成（ひのくまのはまなり・たけなり）の兄弟が、聖観音像をすくい上げ、二人の主人・土師中知（はじのなかとも）が出家し我が家を寺として供養した、というのが起源とされます。明治維新の神仏分離政策前は一体であった浅草神社の例大祭が三社祭と称されるのは、この三人を祀ったことによります。

浅草は芸能の町でもあります。江戸時代末期の一八四一年に人形町にあった歌舞伎の芝居小屋が火事で消失し、人形浄瑠璃の小屋などもまとめて浅草に移ったことにより、芝居町として一層人が集まるようになりました。

時代の移り変わりと共に、客足が遠のいた時期もあったようですが、近年では三社祭にサンバカーニバル、ほおづき市や隅田川花火大会、歌舞伎・落語の人気回復などもあり、再び大変な賑わいを見せています。

もう一つ忘れてはいけないのが、浅草は和菓子の町ということです。新旧を含め話題のお店が沢山あって、一日中食べ歩いても尽きない程です。

普通のお饅頭だから

今回お伺いしたのは創業嘉永五年（一八五二年）の老舗「甘味処　西山」です。最初に取材を申し入れた時、六代目店主の西山隆夫さんから「うちのは、ごく普通のおまんじゅうだけど、それでもいいの」というお答えが返ってきました。現代において、基本的な材料のみで出来ている昔ながらのおまんじゅうの良さは、もしかすると作る側より、むしろ食べる側が感じているのかもしれません。

お店に入る時、店頭で蒸されている「福々まんじゅう」の良い香りが広がり、思わず足が止まり喉が鳴ってしまいました。通りを行く多くの観光客もまた同じように立ち止まり、おまんじゅうを一つ二つと買っていきます。

材料の見極めこそが大切

初代西山武兵衛はここで小豆などを扱う乾物・雑穀商としてスタートしました。よって代々材料の善し悪しを見極める目を養うことだけは、叩き込まれるのだそうです。おまんじゅうに合わせる餡についても、小豆を一粒一粒選別するところから始まり、じっくり時間を掛けて炊き上げていきます。だから餡の具合が、とにかく優しいのです。

西山さんが喫茶室横の作業台で、振るった小麦粉にふくらし粉を加え練り始めると、瞬く間におまんじゅうの生地が出来上がっていきます。そして漉し餡を手際よく包み、直ぐに店頭の蒸し器に移します。「福々まんじゅう」は比較的短時間で出来る様にも見えますが、そこまでの下準備に何倍もの時間を掛けていました。「普通のおまんじゅう」の美味しさを守るために。

江戸から東京へ移っていく時代の
商売上の貴重な覚え書きなど

「升に掻き棒」の家紋が入った法被
江戸時代の藍色が鮮やかです

家紋に込めた想い

このお店の家紋は「升に掻き棒」です。これは乾物商として「一切正直に、誤魔化しません」の想いが込められているそうです。震災や戦禍を逃れた店の蔵の中に、江戸時代からの貴重な資料が残されていて、その中の一つに紋が入った藍染めの袢纏があります。当時の風合いが感じられる素敵なものでした。また、芝居町に相応しく「三番叟」「七福神」の羽子板、東京という文字が見える二代目の手による覚書など、興味深い品々を見せて頂きました。

「福々まんじゅう」としては昭和二十年代に先代が、戦後の暗い時代に少しでも明るくなればと始められました。これがとても評判となり、広く知れ渡るようになりました。その他にもアイス最中などの人気商品も生まれました。

小豆のせアイス最中
〈 店頭販売のみ 〉

特製 西山あんみつ

先代の味を超えて

当代の西山さんは先代の作るアイスの味が大好きで、機械の故障などから一時中断していた自家製アイス作りに取り組みました。先代の病気もあり、レシピを受け継げないまま試行錯誤の末、ようやく天然素材だけを使った深い味わいと、すっきりとした後味のアイスにたどり着きました。自信の逸品です。子供の頃から餡作りなどを教えられてきましたが、お饅頭や喫茶メニューなども、ここに来てやっと先代の味を超えられたかなと、ちょっと恥ずかしそうに語っていました。

ほっと出来る甘味処

お店は雷門の、通りを挟んだ向かいにあります。店頭で「福々まんじゅう」や「アイス最中」をお土産で買うことは出来ますが、とても落ち着いた雰囲気の甘味処なので、店内で「特製西山あんみつ」などを頂くのも、混雑した浅草寺の参拝帰りなどには丁度よいかもしれません。今回は「福々まんじゅう」の取材だったのですが、お店で頂いた抹茶アイスとほうじ茶アイスは、とても美味しくて是非お薦めしたいと思いました。

瓶入りの自家製餡
左から　ごま・つぶ・こし

普通のお饅頭のままで

蒸しまんじゅうというと、小麦粉に重曹などを加えるタイプが一番多いはずです。比較的作り易く、機械化し易いということもあるかもしれません。だからこそ「福々まんじゅう」のような、吟味された素材だけを使い、ひとつひとつ手作りされていくおまんじゅうがいいな、と感じます。

浅草の町にも海外の観光客が多数訪れます。「西山」では特にそれを意識したことは無いそうです。それでも「福々まんじゅう」や「抹茶最中アイス」を美味しいと喜んでいかれるとのこと。海外の人向けにアレンジするのではなく、きっとそのままだからいいのだと思います。

同じ場所で百七十年近い年月を経ても、構えることなく、気取らない雰囲気を守っている当代・西山さんの心意気が、このお店の美味しさを作り上げているのかもしれません。

福々まんじゅう　¥130（税抜）

甘味処　西山

東京都台東区雷門２-１９-１０
03-5830-3145
営業時間　10：00～19：00
定休日　水曜日

田舎まんじゅう

竜泉・おし田

江戸の喧噪が聞こえる

台東区・竜泉。ここに美味しいお饅頭を作っているお店があります。お店に着くまでの間に、ちょっと時代を遡って千束から竜泉を散策してみることにします。

長唄「明の鐘」で「宵は待ち、・・・耳に手を、鐘は上野か浅草か」と、明けを知らせる鐘の音が聞こえてきたのは、江戸時代に遊郭としてだけでなく、当時最大の情報発信基地としての意味合いも強かった吉原です。歌舞伎などの伝統芸能の世界では、外せない舞台となっています。当時一日千両が動くと言われたのが、吉原の他日本橋の魚河岸と浅草の芝居町と言われています。それはそれは凄い活気だったようです。

そして千束には、日本武尊（やまとたけるのみこと）が戦勝のお礼として熊手を奉納したことに由来するお祭りで、江戸時代から続く酉の市が開催される鷲神社があります。毎年十一月の酉の日には熊手を売る店だけでも百五十軒ほどが出て、それもまた凄い賑わいとなります。目星を付けた熊手を値切るのも楽しみの一つのようですが、只値切った金額を置いてくるのが粋なんだそうです。

千束・鷲神社

時代は移り、明治の小説家・樋口一葉が小説「たけくらべ」の中で描いた世界も竜泉という場所が大きく関わってきます。樋口一葉記念館もここ竜泉にあります。

竜泉の名物饅頭

少し遠回りしすぎたようですが、ようやく目的地の「おし田」に到着しました。百年続くこのお店の看板商品が「田舎まんじゅう」です。

これまで薯蕷饅頭に酒饅頭。最も一般的なふくらし粉を使った小麦粉饅頭のお店を訪ねてきましたが、このお饅頭は、生地は小麦粉だけ、餡は小豆と砂糖と少しの塩で出来ています。

ふんわりしているお饅頭とは趣を

手際よく餡を包んでいきます。敢えて形を不揃えにして・・・

異にしたもっちりとした口当たりです。そして添加物をまったく使用していないので、時間と共に硬くなってきますが、そうなったら蒸し直せばいいのです。お饅頭のようなお菓子はその日の内に食べるのがいいのではないでしょうか。

その昔どの家でも作られていたのは、「田舎まんじゅう」のように形は歪だけど、素朴なお饅頭だったと思います。

素材の旨さそのままに

ちょうどご主人の押田憲良さんが次のお饅頭の仕込みに入ったとき、小さな声で「粉を煉り始めると、饅頭の生地に変わる瞬間があるんだよね」と囁かれました。もう何十年と毎日作り続けたその手の感触は、きっと機械より正確なのだと思います。生地が煉り上がったら、こちらでは寝かせず直ぐに餡を包んでいきます。そして火加減を調節した蒸し器で約十分蒸していきます。夏と冬では蒸す時間を変え、絶妙なタイミングで火から降ろします。少し透明がかった生地が中の餡を映すのを見ると、何とも楽しい気持ちになりました。

まだ湯気の立った出来立てを頂くと、しっとりとしていて、生地の優しい香りがふわっと広がります。そして一番驚いたのは、田舎まんじゅうなので餡の甘さはしっかりめと勝手に想像していたのですが、思いの外甘さが控えめだったことです。ご主人にお伺いすると、豆の状態は

変わっても、餡は一年を通じていつも同じ配合で炊き上げているとのこと。そうすることで豆の風味の違いを楽しんで頂ける、との答えでした。敢えて甘さを抑えることで、素材の旨みをそのまま引き出し、飽きの来ない素朴な「田舎まんじゅう」が生まれてきたんだと感じました。

ずっと二人で

ご主人がお饅頭作りに真剣に取り組むようになったのは高校生時代だったそうで、先代が急に倒れ店をしばらく休むことになった時、お客様に「おし田の田舎まんじゅうが食べたいんだけど、お兄ちゃんが作れないの？」と言われたのがきっかけだったそうです。それまでも酉の市などの忙しい時は手伝ったこともあり、職人仕事も嫌いではなかったので悩んだ末に決心されたそうです。受け継がれてきた味を自分のものにするまでは、大変なご苦労もあったと思います。それから女将の節子さんがご近所の幼なじみで、お饅頭のこともよくご存じだったことが、「おし田」の味を守っていく上で大きな力となったはずです。

お客様の足が少し落ち着いた午後のひととき。店頭でお二人にお話しをお伺いしていると、十個十五個と買われていくお客様がいる中で、印象的だったのが中年の男性が一個買い、そのまま歩きながら食べていた姿でした。そこに何の躊躇も遠慮もなく、これが本当の「町の和菓子屋」ではないかと思ったものです。

竜泉の街並みも時代と共に変わってきたようです。高層マンションが増え、若い人たちも多く集まって来ているからこそ、「田舎まんじゅう」のような、作り手の顔が見える、不揃いだけどクセになる美味しさを楽しんで貰いたいと思います。

お菓子の嗜好はよりソフトなものへ移行してきました。その分素材本来の味わいが少し弱くなったとも言えるかもしれません。だから今、素材の旨みをもっと引き出そうと考えるお店も増えてきています。

「おし田」では、ずっとそのことを意識して「田舎まんじゅう」を作ってこられました。そして、そのことを判ってくださる多くのファンが、このお店を支えてきたのだと思います。

以前は芋ようかんやアイスクリームなども作られていたようですが、現在はご夫婦二人だけで手の届く範

囲で「田舎まんじゅう」の他、ふくらし粉を使った「白まんじゅう」と他に水羊羹を作るだけにされたそうです。

ゆったりと自分たちのペースをまもりながら。

不揃いのままで

毎年酉の市の時、必ず寄ってくださるお客様が何組もおられます。きっとご利益があると、熊手とセットで買われていくのでしょう。年に一度のご縁かもしれないが、だからこそ「田舎まんじゅう」をこれからもしっかりと作っていきたいとご夫婦共に優しい笑顔で語っていたのがとても印象的でした。

ソフトな食感のお菓子が人気を集める現代において、こんなちょっと武骨で不揃いなお菓子がきっと必要なんだと思っています。

先代が長年使ってきた小豆の枡。随分すり減っていたのですが、ふと裏面を見ると、木目に食い込んだ小豆が一粒ありました。先代の熱い想いが伝わってきた瞬間だったそうです。

ふくらし粉を使った白まんじゅう

田舎まんじゅう

田舎まんじゅう　　¥135（税込）

白まんじゅう　　¥135（税込）

おし田

東京都台東区竜泉 3-10- 8
03-3873-6557
営業時間　9：30 ～ 18：00
定休日　　日曜日

花林糖饅頭《かりんとうまんじゅう》・咲^2《しょう×しょう》

鹿児島・薩摩じねんや

鹿児島の揚げ饅頭

薯蕷饅頭・酒饅頭・小麦粉饅頭・田舎饅頭と、生地の異なるお饅頭をご紹介してきました。ここではそこからさらに一手間加えた揚げ饅頭を取り上げます。

揚げ饅頭といっても全国に実に沢山の種類がありますが、最初に食べた時「これは美味しい」と、思わず唸ったお饅頭が「花林糖饅頭・咲^2」で、それはまだこの商品が世の中に出る前の試作段階のことでした。

菓子店の企画デザイン業務に長く携わっていますが、今回唯一私共がお手伝いさせて頂いた商品を取り上げ、どうしてその名前になった理由などもご紹介してみようと思います。

素材を活かした菓子づくり

この会社は、創業者の小牧昭二社長が地元鹿児島の素材にこだわって、さつま芋菓子専門店としてスタートしました。

その時企画デザインの依頼をいただいて「美味い芋菓子の店」から発想した直球勝負の名「美味芋本舗＝うまいもほんぽ」が屋号になり、後に会社名となりました。

そこから会社も大きくなり、芋菓子以外の商品も扱うようになって来ました。そこで、他の商品でも鹿児島の素材を活かしたお菓子をコンセプトにしたブランド「薩摩じねんや」が生まれました。

「じねん＝自然」から名付けられています。

「薩摩じねんや」が生まれるきっかけとなったのは、この花林糖饅頭のヒットが大きな要因となりました。

かりんとう！

ミネラル豊富なさとうきびが採取されることで有名な鹿児島県・喜界島は鹿児島から南へ三百八十キロ。珊瑚礁が隆起した島で、この土壌と日照時間の長さがさとうきびの栽培に適していると言われています。喜界島の黒糖は、風味が強く、後味がとても良いのです。花林糖饅頭はその黒糖から作った黒蜜をたっぷり使った生地で、丁寧に炊かれた小豆の漉し餡を包みます。しっかり蒸し上げたお饅頭を、そのまま新鮮なごま油で素揚げしていきます。その時間・方法などの違いで、仕上がりは全く違ってくると、小牧社長はいつも話していました。

初めて食べた時「あっ、かりんとうだ」と感じました。風味はもちろんですが、カリッとした食感が残っていたのです。そしてその時自然に笑顔になっていたことに気付きました。

笑顔が溢れます

美味しいお菓子には人を笑顔にする力があるとずっと思っていたので「そうだ、笑いをテーマにした名前にしよう」と思い立ち、名称を考え始めました。

様々な漢字を調べていた時、口偏が付いた笑という字を見つけたのです。そこに「笑」の元々の字であるとの説明があり、「これだ」と思いました。笑顔あふれる花林糖饅頭という意味で、さらに二倍の笑いという意味で「しょう×しょう」と決まりました。

鹿児島の銘菓になりました

この商品が生まれて十年が経ちます。ロングヒットの生まれにくい時代ですが、小牧社長とスタッフの努力で、ひとつの大きなハードルは越えてきたように思えます。地元の人が普段使いに選ぶお菓子になったことが、その証しだと言えます。

揚げ饅頭が生まれたきっかけは、固くなったお饅頭をもう一度美味しく食べたいという発想だったようです。

でも「花林糖饅頭・咲²」は、揚げなくても美味しいはずですから、揚げたらもっと美味しくなったと言うことでしょうか。

現在 花林糖饅頭は４種類あります
右から 抹茶餡・小豆餡・練乳餡・芋餡

薩摩じねんや・本店

鹿児島県鹿児島市平川町 1610-1
099-803-4038
営業時間　9：00 ～ 19：00
不定休

花林糖饅頭・咲^{2}　かりんとうまんじゅう　しょう×しょう

6 個	¥810	（税込）
8 個	¥1,080	（税込）
12 個	¥1,620	（税込）

包む

【竹皮羊羹】

伊東市・伊豆柏屋

竹皮は優れた包材

和菓子を（包む）という側面から見てみると、古より現在に受け継がれた傑作のひとつが、竹皮羊羹ではないかと思っています。

軽くて、保存性に優れ、目立ち、更に加工しやすく、抗菌作用もあります。また自然そのままの素材であり、当時は入手しやすかったはずです（今は国内での調達は難しくなってきているようです）。そして化学的な素材と最も異なる点は、竹皮を使うことで独特な風味を新たに生み出しているということではないでしょうか。

虎屋文庫の資料によると、「諸方御用留帳」の元禄十五年（一七〇二年）の記述に、始めて竹皮羊羹のことが紹介されており、ということはもっと以前から竹皮がパッケージとして使われていただろうことは想像がつきます。（やはり虎屋文庫の資料から、「人倫訓蒙図彙＝じんりんきんもうずい　一六九〇年」に竹皮屋という記述が見られ、当時竹皮が包材として使われていたことが判ります）現在では衛生管理、調達、コストの関係などから化学素材にどんどん代わって来ています。

それでもしっかり竹皮の風味を大切にして、長く美味しい蒸し羊羹を作り続けてきたお店があります。

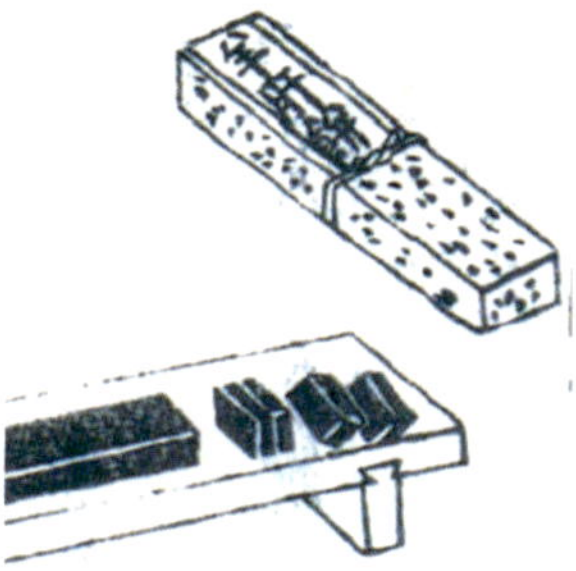

「倭漢三才図会」正徳２年（1712）序
竹皮包みの羊羹

温泉地伊東の名物蒸し羊羹

静岡県伊東市の「伊豆柏屋」。

東京からは新幹線で熱海まで行き、伊東線に乗り換え相模湾を左手に見ながら約二十分。もう少しのんびり行くなら、特急踊り子号で東京から一時間四十五分で、有数の温泉街・伊東に到着します。

駅から歩いて七～八分のキネマ通

りアーケード内に「伊豆柏屋」はあります。間口を広く取ったお店では蒸し羊羹を始め、黒羊羹やいでゆ饅頭など、厳選された商品が並べられていました。

創業は昭和十一年、蒸し羊羹に関しては当時のレシピを元に、さらなる美味しさを求めてきたと語るのは三代目社長の川島康宏さんです。今回は特別に本店三階にある工場を見せて頂くことが出来ました。

入った途端目にしたのは、何段にも積まれたセイロから湯気が立ち上り、じっくり一時間掛けて蒸された羊羹がちょうど出来上がったところでした。他の作業をしていた職人さん達も集まり、一斉に蒸し上がったばかりの羊羹の中を確認し、きれいに整え仕上げていきます。写真を撮るのが追いつけないほど、手早く作業が進んでいきます。

整え終えると、またそれぞれが違う作業に戻り、熟練の室本末次工場長だけが残り、次の栗蒸し羊羹を包む作業に入ります。

二枚の竹皮を敷き、非常に滑らかな餡と栗の甘露煮をのせ手早く包んでいきます。その手際の良さについつい見とれてしまいました。

それにしてもこの栗蒸し羊羹の餡が、想像していた以上にトロトロで驚きました。きめ細かな漉し餡に小麦粉を加え、更に上質の葛を足すことで、もっちりとしているのに歯切れの良い特徴的な食感と、優しい味わいが生み出されていることを実感しました。ここからじっくり蒸されていき、ゆっくりと羊羹へ竹皮の風味が重なっていくことになります。

伊豆柏屋では竹皮で包んだ栗蒸し羊羹を品質保持の為、ビニール袋に入れ、さらに竹皮で包んでいます。

伊東へ観光で来られた方が評判を聞いて立ち寄られ、買われていくケースも勿論多いのですが、最近は一度買われた方が「美味しかったから」と、電話やネットで注文される所謂リピーターの比率が非常に高くなってきているとのことです。そう、一度食べるとクセになってしまう味わいなんです。それでもその中心は中高年層で、「本当はね、若い人にもっと蒸し羊羹食べて貰いたいんだけどね」と、室本工場長はぽつりと仰いました。

確かに蒸し羊羹は砂糖や水分の含有量により、練り羊羹に比べると日持ちが極端に短い。故に取り扱うお店の数が少なく、当然買える機会も少ないということかもしれません。だからこそもっと「蒸し羊羹は美味しい」と声を大にして言いたいのです。

最後に「栗蒸し羊羹」の美味しい食べ方を教えて頂きました。

蒸し羊羹を切り分ける際には、竹皮ごとカットし、食べる直前に皮を剥いで頂く、そうすることで竹皮の風味をしっかり楽しむことが出来るとのことでした。

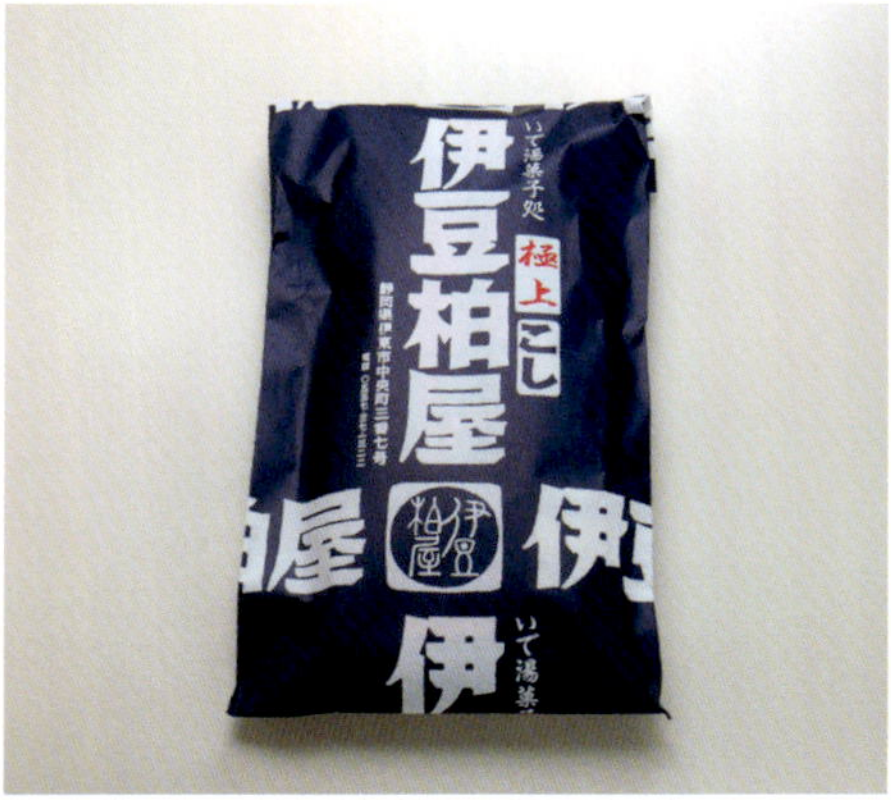

伊豆柏屋

静岡県伊東市中央町３-7（キネマ通りアーケード内）
0557-37-1322
営業時間　9：00 〜 18：00
無休

いでゆむし極上栗蒸し羊羹

小倉	大	￥1.200	（税抜）
	小	￥650	（税抜）
こし	大	￥1.200	（税抜）
	小	￥650	（税抜）

いでゆむし栗蒸し羊羹

小倉	￥600	（税抜）
こし	￥600	（税抜）

お菓子にまつわる落語を一席

おかしばなし

『まんじゅうこわい』

近所に小学五年になる孫の小太郎が住んでいる。

連れ合いとのんびりおやつでも食べようかと話していると、玄関を勢いよく開けて
「じったん、いる?」と入ってきた。

そして手を掴むなり、「さあさ、お大尽席へ」と和室へと強引に連れて行く。

「今日の演目はなんだい」と聞くと、

「落語・まんじゅうこわい。知ってる?」

(五代目のまんじゅうこわいはよかったなあ、とふと思い浮かべたが、黙っていることにした)

「いや、それは楽しみだ」。

この小太郎、どういう訳か落語や歌舞伎など日本の伝統芸能が殊の外好きときている。

「好きこそものの上手なれ」とは良く言うが、これがなかなかのものなのだ。

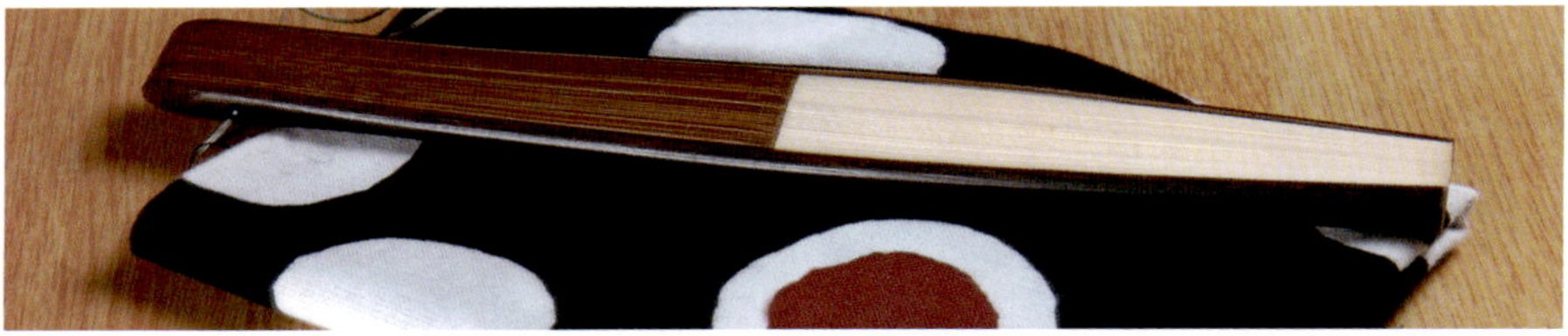

話は少し逸れるが、小太郎は一緒に住んでいるもう一人のじい様のことを「じーじ」と呼び、こっちを「じったん」と呼んでいる。

きっと餓鬼のころからの悪友である弥太郎が、そう呼ばせたんだろうとは思っているものの、今では結構気に入っている。

娘が弥太郎の倅と結婚すると言った時、

「世界中の誰とでも良いが、あの家だけはやめてくれ」と懇願したものだ。

当然聞き入れてはくれなかったが。

それでも何とか幸せに暮らしているようだ。


私を座布団に座らせると、自分の座布団を敷き、一旦外に出て行った。

(座布団の縫い目の無い正面をこちらに向けているのは流石だ)

「テテテンテンテン・・・・」

ちょっと背を丸くしながら、口囃子で登場となる。

さてさてどんな「まんじゅうこわい」になることやら。

毎度馬鹿馬鹿しいお笑いを一席。
兎角十人十色とはよく言ったもので、
同じものを見ても
「これは最高」と言うものがあるかと思えば、
「最低」と言うものもいる。
「あの子可愛いね」と誰かが言えば
「そうかなあ」というものが必ずいるわけで、
まあ考えようによっては、
だから面白いということにもなるのですが。
只困るのが何でもかんでも
人の反対を言いたがる輩で。
右と言えば「左」、
「これ美旨いね」と言えば「まずい」と
本心ではなくことごとく反対したり、
文句を言ったりする
天の邪鬼が周りに一人位はいるもので。
折り合いも良く、
向こうからいつも一緒の四人組幸太・庄一・晃
そして跳ねっ返りの松夫がやってきました。

「今日は暑いね」「本当に暑い」
「喉が渇いて仕方なかったよ」
「ふん、こんなのは熱帯地方に行ったら
冬みたいなもんだね」
「松ちゃん行ったことあんのかよ」
「昨日テレビでホラー映画やっていたけど、
すごく恐かったね」
「途中までしか観ていられなかったよ」
「夜中にトイレに行けないくらいだったもの」
「ふん、あんな映画はくだらない。
特にラストシーンが安っぽくて笑っちゃったよ」
「部屋の電気を消せなくて、
寝不足だったのは誰だっけ」
「じゃあさ、みんな一番恐いと思っているもの
ひとつずつ言ってみて」
「オレは烏かな。アメリカの古い映画を観てから、
烏の群れを見ると身震いしちゃうよ」
「ふん、烏は離れてみるから怖いんで、
ぐっと近づいたら可愛いもんだ」

「オレはＳＮＳかな。
こっちの都合関係無しにメッセージが入る。
直ぐに反応しないと今度は無視される。
繋がっていても恐いし、
繋がっていなくても恐い」
「ふん、四人位で顔見ながら話せれば充分だね」
「オレは塾でテストと聞いただけで緊張する。
毎回順位が判るって恐い恐い」
「ふん、全員が一番になれるわけでも無し。
人と比べなきゃビリも無し」
と言って先にどんどん進み始める。
「もっともだけど何故か癪に障る。
松ちゃんのお母さんから、
ウチのおふくろが聞いたところでは
松ちゃん、
友達が出来なくなるからスマホが欲しい、
塾へ行きたいと大分駄々をこねたみたいだよ」
「ちょっと松ちゃん、何か恐いものないのかい」
「ないね」

「本当に？」
「ないね、あっそうだ、
思い出すのもいやなものが一つだけあった」
「それは何だい」
「まんじゅう」
「まんじゅうって、
あの茶饅頭や栗饅頭の饅頭かい」
「そう。いやいや思い出しただけで
本当に気分が悪くなってきた」
「じゃ家でちょっと休んでいけば」
「そうさせてもらおうかな」
松ちゃんは幸太のベットに入って
ワナワナ震え始めました。
「こりゃ本物だな」
「ちょっと懲らしめてやろうか」
三人は近くの菓子店に行き、
蒸し饅頭から焼き饅頭、
水饅頭など山盛り買ってきました。
松ちゃんが休む部屋の中へ、

饅頭をそっと置いて
様子をドア越しに伺っていると
「うわっ、饅頭だ、恐い、恐い」と大声を上げました。
「やったね、これで少しは懲りたかな」
しばらくすると部屋からの声も静かになって
ちょっと覗いてみると、
何と松ちゃん
山盛りの饅頭をムシャムシャと
食べているではありませんか。
「松ちゃん、饅頭好きだったんだね。
じゃ本当は何が恐いの？」
「この辺で熱い日本茶が恐い」
後の支度がよろしいようで。

（なかなかものだな。
それにしても本来は恐いものと言ったら、
蛇やなめくじや蛙で
自分のへその緒を埋めた上を
最初に通ったものが恐くなるのではなかったか。
随分と恐いものが変わってしまったものだ。
変わらないのは饅頭だけか）
「じったん、どうだった」
「いや、ますます上手くなったな。
ご褒美は三日月庵の饅頭があるはずだから、
ばあばに言ってごらん。」
「やったー、あそこの饅頭大好き！
ばあば、お饅頭頂戴」
「あらやだよ、あんたが大声で
饅頭怖い、饅頭怖いって言ってたから、
隣の芳さんにあげちゃったよ」
「えー、そんなぁ」
「それもこれも落語が上手すぎるからだな。
これでは『まんじゅうこわい』怖いだったね」

里菓子《さとがし》

その地方ならではの特徴的なお菓子

鹿児島・あくまき

sato-gashi

鹿児島県には美味しいものが沢山あります。薩摩芋・黒豚・焼酎・きびなご・薩摩揚げ・黒糖・たんかんなど、これら鹿児島ブランドは百貨店の催事でとても人気があります。

　そしてお菓子を見てみると、これも実に興味深いのです。その代表的なお菓子が「かるかん」です。山芋とうるち米粉、それに砂糖を合わせた白いお菓子は、何とも言えない味わいです。他に春駒、ふくれ菓子といったお菓子もあるのですが、今回取り上げるのは「あくまき」です。鹿児島を中心とした南九州地方の特徴的なお菓子です。灰汁に一晩浸けたもち米を、孟宗竹の皮で包み、灰汁でさらに三〜四時間煮ると飴色の餅に変わっていきます。そのままでも美味しいのですが、最も一般的な食べ方は砂糖入りのきな粉をまぶして頂きます。黒蜜を掛けることもあるそうです。

　地元の人達は端午の節句に食べることが多いようですが、今は一年中買うことが出来ます。昔は家庭で作っていたようですが、最近では少なくなってしまったとのこと。個人で作るには、少し大変かもしれません。

　あの西郷隆盛が西南戦争の時、あくまきを携帯していたという有名な話もありますが、元々は豊臣秀吉の時代の朝鮮出兵の時、又は関ヶ原の戦いの時に、携帯食として作られたという説があります。他に農家の田植え時期の保存食たっだなどの説も見られます。

携帯食でよく知られているのは干飯ですが、パサパサして食べにくかったようで、その点あくまきは食べやすく腹持ちも良く、殺菌効果もあって日持ちもした。戦で国を長く離れていても、薩摩藩の人だけ元気だったと伝えられています。

そう言えば享保の大飢饉の時、薩摩芋があったため餓死者を一人も出さなかったというのも薩摩の国でした。それにより将軍・徳川吉宗は薩摩芋栽培を奨励したと言われています。

あくまきを初めて見たとき、本心をいえば「これは何?」という感じでした。そして一口食べた瞬間「これは旨い」に変わりました。

鹿児島の人が長く食べてきたものが、美味しくない訳がありません。機会があれば是非お試し下さい。それにしても、その地方ならではのお菓子って実に面白い!

「それでも抹茶が飲んでみたい」

ふと入った甘味喫茶店で抹茶を注文して
ちょっと周りを気にしつつ、出て来た器を両手で持ち、
何気に二回ほど廻して悦に入っている自分がいます。
茶の湯の世界って興味はあるけど、
何となく敷居が高く気軽に入り込めないというか、
一歩踏み込んだらどこまで行ってしまうのか、
という怖さも少しあります。

それでもやっぱり抹茶を飲みたいではないですか。
もっと普段使いの抹茶を楽しんでもいいではありませんか。
知識はまったく無いけど、道具だって何も持っていないけど、
先ずは自宅にあるもので始めて見ることにしよう、
と思い立ったのです。

■ **抹茶の選び方**　味·値段など選び方の基準は色々あります。
値段が安い方が渋めで高い方が甘みがあるとも言われていますが、良く判らないので今回はお手頃価格で選ぶことにします。ネットで注文して直ぐに届きました。

■ 茶筅

泡点て器やシェイカーなどもありますが、
やはり茶筅に代わるものはなさそうです。
ここは頑張って茶筅を使ってみます。
器を予め温めて、茶筅の先も湿らせておきます。

■ 茶碗

自宅の食器棚を覗いて抹茶茶碗に代わるものを探してみましょう。初心者なので点てやすいと思われる少し大きめで、口の広いカフェオレボールのような器を選びました。

■ 点ててみましょう①

抹茶を入れ、お湯を静かに注ぎ入れます。

茶筅を器の底に当てるようにして、大きな塊をほぐします。茶筅を少し上げ、Mの字を描くように、回すのでは無く勢いよく前後に振ります。

■ お茶の量

茶杓2杯と言われる茶の量は約2g位で、ティースプーンを使うとこの位です。

茶碗に入れる前に茶漉しで漉しておくとダマが出来にくく、点て易くなります。

■ 点ててみましょう②

しっかり泡が立ったら、最後に表面をならすようにしてから茶筅をゆっくり引き上げます。

泡の点て方は各流派で違うようですが、良く点てた方がまろやかになると言われます。

■ お湯加減

お湯は80℃程が適温とされています。

沸騰したら、別の器に注いで少し置いたくらいでしょうか。

一杯のお湯の量は60ccから70cc.

『それでは一服頂戴致します』

正式のお茶席などでは色々と決まり事もありますが、先ずは抹茶を楽しむことにしましょう。

気持ちを整えて、美味しいお菓子を味わってから、静かに頂きます。・・・結構なお点前でした。

しばらく続けると、ちゃんと習ってみたくなるかもしれません。

徳川家康が愛した抹茶

筆者は静岡出身で、幼い頃よりお茶で育ったという実感があります。子供達が集まっても出てくるのはお茶で、ジュースなんてことはめったに無かったと思います。子供達もそれが当たり前に過ごしていました。もちろん随分昔のことです。程良い渋みを感じる静岡茶を、今も好んで飲んでいます。

今回頂いた抹茶は、静岡の本山茶（ほんやまちゃ）ですが、以前情報番組で「徳川家康が愛した抹茶復活」といった内容で取り上げられ、興味を持っていたので取り寄せました。

毎日のように静岡茶を飲んでいますが、その殆どは煎茶で、余り抹茶の印象が無いのです。昔から疑問に思っていたことは、何故日本一の茶処静岡でそれほど抹茶文化が盛んにならなかったのか、ということです。お菓子にしても静岡には銘菓が沢山ありますが、多くは街道の名物で、茶席菓子は少ないと感じていました。

本山茶についてもっと知るには、作っている方に聞くのが早いと連絡を入れたところ快くお受け頂き、このページを加える事が出来ました。

静岡茶は聖一国師から始まる

本山茶の里は、安倍川の上流域の山間地です。南アルプスを水源とする豊かな水、ミネラル分の高い土壌、そして良い茶作りに欠かせない霧などの条件が揃った土地でした。ここに初めて茶の実を植えたのが、臨済宗の僧侶・聖一国師だったのです。一二四一年に宗での修行を終え、帰国します。布教活動の中で博多の茶店の主人・栗波吉右衛門に酒饅頭を教えたとあります。それが店の屋号が付いた「虎屋饅頭」として世に出ることになります。（現在の虎屋との関係は不明です）

その後聖一国師は、京などで臨済宗の布教に尽力し、そして晩年生まれ故郷の静岡に戻り、茶の実を植えたと言われています。

一人の人物がお饅頭とお茶を日本にもたらしたことで、その後の歴史が大きく変わっていったのではないかと、個人的には思います。

徳川家康が愛したお茶

時代は鎌倉から室町・安土桃山時代へ。千利休が確立した茶の湯が、政治の世界で大きな役割を持つようになります。一六〇〇年関ヶ原の戦で勝利し、江戸幕府を開いた徳川家康は、身分制度を示し主従関係を徹底させました。茶席では亭主と客があるのみという茶の湯の精神とは相反するところがあり、表だって奨励することは無かったようですが、お茶そのものは好きだったと言われています。二百六十年続く江戸時代の礎を築いた家康は、富士山を望むことが出来る今の静岡市の駿府城で晩年を過ごし、生涯を閉じることとなります。

その間に好んで飲んでいたのが本山茶です。(当時は安倍茶と呼んでいました) 新茶を安倍山の大日峠に保管させ、秋まで熟成させ楽しんだと伝えられています。

家康の死後、その習慣は途絶えてしまいますが。その後も江戸幕府に御用茶として献上されました。しばらくすると江戸庶民の間でも、安倍茶の名が広まっていきました。

明治以降静岡のお茶は、清水の港を拠点に、海外への輸出が多くなっていったそうです。お茶の作付面積も増え、一気に日本一の茶処になっていきました。

そうすると本山茶本来の味と異なるものも出てきた為、「本家本来のお茶」という意味を込めて、「本山茶」の名が付きました。

静岡本山抹茶研究会

高級煎茶として認められている本山茶ですが、「徳川家康が飲んでいた抹茶をもう一度」というプロジェクトが立ち上がり、昭和六十一年に「静岡本山抹茶研究会」が創立しました。京都などの技術を参考にしながら、近年ようやく納得の出来る抹茶になってきたとのことです。

一服頂戴しました。ほんのり甘みを感じながらも、上品な渋みがスッーと抜けていきました。お菓子とも相性も良く、とても美味しかったです。

何故静岡に抹茶文化が広まらなかったのか、という疑問については、家康以後に茶の湯を極め、強いリーダーシップを持った城主が現れなかったことや、時代が煎茶を求めるようになっていったことなどが考えられますが、今後さらに調べたいと思います。

これから甘さと渋みのバランスが良い静岡の抹茶がもっと広まっていったら、抹茶の選択肢も増え、お茶の時間が一層楽しくなるのではないでしょうか。

駿河路 20g ¥700（税抜）

静岡本山抹茶研究会
静岡市葵区与左衛門新田 23
054-296-0040

これはもう

和の菓子

ショートケーキ

東京都目黒区・マッターホーン

和菓子の多くは海外から

饅頭、羊羹、カステラなどは、誰もが和菓子と認めるところです。しかしながらこれらは全て海外から入ってきたもので、日本で改良され、定着してきたお菓子です。それと同じように、今の洋菓子の中で、日本で独自な進化をしたケーキに今回注目してみました。

ショートケーキは日本オリジナル

その代表が「ショートケーキ」です。原型となるものはヨーロッパやアメリカにもあったようですが、苺に生クリームとソフトなスポンジを使ったショートケーキは、日本風にアレンジされたオリジナルケーキだったと伝えられています。誰が最初に考案したかについては諸説あるようですが、実際日本中に普及したのは冷蔵庫などが充実した昭和三十年代からで、生クリームの甘さと苺の酸味とのバランスが、さらに日の丸・紅白幕などに通じる白と赤のコントラストが日本人の嗜好とマッチしたとも言われています。

筆者が幼い頃は家族の誕生日などにバタークリームのケーキを食べていた程度で、初めてショートケーキを食べた時の驚きは今でも忘れません。

ショートケーキは日本中の洋菓子店で売られていて、長く日本の洋菓子分野に於いてトップの座にあります。最近はバリエーションも増え、様々な形態が見られるようになってきました。今回はちょっとクラシカルなショートケーキに会いに行こうと思います。

余談ですが、今回お伺いしたお店がある鷹番と言う地名は、目黒に将軍家の鷹狩り場があり、その番屋があったことに由来しています。落語「目黒のさんま」の舞台もこの辺りかと思います。

老舗洋菓子店です

東急東横線で学芸大学駅で降り、しばらく歩くとマッターホーンが見えてきます。

お店の中に一歩足を進めると、その広い店内にはゆったりとした空気が流れています。そして同時に、隅々にまで目が行き届いた程良い緊張感のようなものもあり、きっとそれがお客様の安心感に繋がっているのだと思います。

壁には鈴木信太郎画伯の絵画が掛けられています。包装紙など全て鈴木画伯の絵がモチーフになっていて、このお店が持つ独特な雰囲気を創り上げています。

創業は一九五二年、以来代替わりしても一店舗主義を貫いてきました。現社長の金子亮一さんが当然のことのように仰いました「自分自信が納得したお菓子を出すには一店舗で充分」と。さらに工場が同じ建物内にあるということで、ケーキのロスを無くし大変効率の良い運営を続けられています。

ケースを覗いてまず驚くのは、その価格の安さです。今都内の専門店で、同程度の価格で提供しているお店は、とても少ないはずです。金子社長はそれでも涼しい顔で語っていました。「そこそこに儲かれば、それでいいんです」と。

材料にはとことんこだわって

とにかく材料にはこだわっていて、常に研究しているとも仰います。このお店の代表商品のひとつである「ダミエ」に関しては、専用チョコレートを一年分まとめてオーダーしたり、バタークリーム系ケーキ用には敢えて高額のカルピスバターを使用したりと、良い物はどんどん取り入れていきたいとのお考えです。

「ロングヒット商品はファンも多く、材料を変えると味が変わったというご指摘があるのでは」とお尋ねすると、「材料はどんどん良くなっています。それを試さない手はない。だから味は僅かずつですが、美味しく変わっているはずです」。本当の美味しさを求めているからこそ、変えることを厭わないのかもしれません。時代と共に変わるお客様の好みに常に、寄り添っていきたいと、金子社長は言われます。

ヒントはお客様の声の中に

一店舗としての最大のメリットはお客様の声がダイレクトに聞けることで、その一言が新商品へのヒントになることもあるようです。

　今回のメインテーマである「ショートケーキ」の姉妹品に「スペシャルショートケーキ」がありますが、これも「もう少し軽いショートケーキはないの?」というお客様の何気ない一言から生まれたとのこと。スポンジをスフレタイプにし、クリームも生地に合うように軽く仕上げた商品です。通常の「ショートケーキ」と比べながら食べるのも、面白いかもしれません。

　マッターホーンのショートケーキは、シンプルなスタイルなのですが、スポンジと生クリームのバランスがとても良く、3種類の生クリームを合わせているので、深みがあって尚かつ後味がすっきりしています。コーヒー紅茶には勿論ですが、意外にも日本茶や抹茶にも良く合うのです。昔から変わらない、いや少しずつ進化しながら多くのファンを虜にする逸品です。

マッターホーン
洋菓子・喫茶室

ショートケーキ	¥400（税込）
スペシャルショートケーキ	¥400（税込）

マッターホーン

東京都目黒区鷹番 3 - 5 -1
03-3716-3311
営業時間　[ショップ] 9：00 ～ 19：30　[喫茶室] 10：00 ～ 18：30（18:00 ラストオーダー）
定休日　火曜日（祝日の場合は営業）

小粋な団子親父（ダンジィ）

ダンディーな大人になろうと頑張ってきたのに、気がつくといろいろなところに肉が付き、どう見ても団子親父にしか見えなくなってきた。せめて生活スタイルだけはダンディーに、「粋だね」と呼ばれてみたいではないですか。

先日も夕方にふと和菓子が食べたくなり、近くの和菓子屋に出掛けることに。連れ合いに「俺、かこのが食べたいんだけど何にする」と声を掛けたら。「私もかのこ」との返事。「判ったよ。じゃ行ってくる」。玄関を閉める際、連れ合いが奥から顔を出し「かのこ2つだよ」と念を押された。「判ってるよ。」と内心思ったが声には出さす、ゆっくりドアを閉めた。

店に着いてゆっくりのれんを潜ると「いらっしゃいませ」と女将さんの声が優しく迎えてくれる。ちょうどご主人も売店にいて、「いらっしゃい」とシャイな職人らしく遠慮しがちに言う。でもその深いシワを寄せて見せる笑顔は、こちらの心まで明るくさせてくれます。

「今日は何にいたしましょうか」と聞かれ、「か・・」と言いかけたときケースを見ると、かのこはまだ五つほど残っていたが、黄身しぐれが一つ、うぐいす餅が一つ、栗羊羹が二つ残っていた。

ふと「ここで黄身しぐれとうぐいす餅を買えば、片付くだろうな」なんて思い悩んでいると、女将さんが笑顔で「ごゆっくりお選び下さい」なんて言うものだから思わず口に出たのが、「黄身しぐれとうぐいす餅、それと栗羊羹も二つください」。

家に帰ると連れ合いが「直ぐにお茶がはいりますよ」と迎えてくれたので、包みを渡すと「かのこ二つなのに、ばかにずっしりしてますね」と笑いを堪えるように台所に消えました。

直ぐに奥から大きな声で「あら不思議。私のかのこが栗羊羹に変わっていますよ。しかも二つに増えていますよ」。

粋を通せば叱られる。
さりとて野暮はつまらない。

かしものや 菓子物屋 Kashi monoya

●お菓子の歳時木

●かしかあど（cacicard）

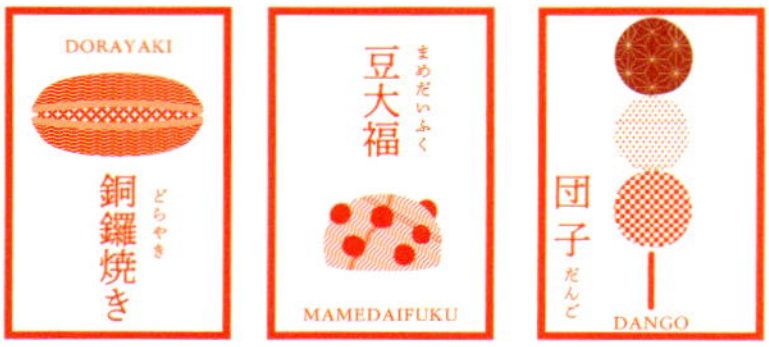